Andreas Herteux

Pierwsze fundamenty kapitalizmu behawioralnego

Inwentaryzacja nowej odmiany kapitalizmu

Wydawca:
Erich von Werner Verlag
Erich von Werner Gesellschaft

ISBN 978-3-948621-05-6

Uwagi wstępne

Świat zmienia się w zastraszającym tempie. W żadnym momencie nie widać tego wyraźniej niż w postępie technologicznym, który uległ poważnym zmianom i często zasadniczo zmienił życie społeczne, polityczne, gospodarcze i indywidualne. Ale ten rozwój jest czymś więcej niż tylko niewielkim rozszerzeniem istniejącej istoty. Zmienia to zasadniczo, a jednak wydaje się, że nie ma wystarczającego opisu dla tego procesu i jego komercyjnego wykorzystania. Czy istnieje tylko kilka firm internetowych, które mają zupełnie nowe oferty? Czy też wszystko należy interpretować na większą skalę? Dokąd prowadzi? Co dzieje się z danymi i jak są one wykorzystywane? Jak generowany jest zysk z naszego zachowania? Czy jest jakaś możliwość manipulacji tutaj? Istnieją zatem pytania krytyczne, ale pozostają one fragmentaryczne.

Podsumowując, wydaje się, że pojawiło się uczucie, że stawka jest znacznie większa niż w przypadku nowych modeli biznesowych, a jednak dotychczas nie było żadnej formy artykulacji, żadnej struktury opisowej, która wyraźnie stwierdza, że nie możemy już mówić o prowadzeniu działalności przez poszczególne firmy, ale że musimy już mówić o nowej różnorodności kapitalizmu: Kapitalizm behawioralny. Ten kapitalizm wzrósł z zapierającą dech w piersiach szybkością i stał się integralną częścią życia wielu ludzi, ponieważ jest ściśle związany z rozwojem technologicznym. Oferuje on możliwości, ale także ryzyko, ponieważ jego władza, w przeciwieństwie do kapitalizmu finansowego, który również wzrósł w cieniu, rozciąga się na intymność jednostki i staje się coraz bardziej zakorzeniony. Z tego powodu jest niezwykle ważne, aby wydobyć go z tego, co przybliżone i mgliste w świetle, nadać mu wyraźne imię i omówić go. Do tej pory nie było to możliwe, z wyjątkiem pojedynczych utworów.

Model kapitalizmu behawioralnego próbuje wypełnić tę lukę i tym samym po raz pierwszy tworzy porządek, który sprawia, że nowa różnorodność kapitalizmu jest namacalna i zrozumiała. Jednocześnie tworzy to podstawę do argumentacji, która nadaje się do opuszczenia kręgów ekspertów i uczonych i rozpowszechnienia ich w sposób ogólny i zrozumiały, ponieważ dyskusja o kapitalizmie behawioralnym nie jest dyskusją, którą można prowadzić tylko w małych kręgach, pewnych środowiskach lub w feuilletonie, ale raczej musi stać się centralnym tematem dla ogółu społeczeństwa.

Z tym projektem jesteśmy wciąż na samym początku. Jeśli jednak nie zaczniemy, kapitalizm behawioralny, analogiczny do kapitalizmu finansowego, będzie działał w cieniu i być może rozwinie potencjał, który można wykorzystać bardziej dla władzy i dominacji niż dla dobra ludzkości. W świetle i przy pomocy publicznej obserwacji wydaje się, że łatwiej jest skierować rzekę ulewną we właściwym kierunku, niż mieć nadzieję, że stanie się to samo z dziecinadą i naiwnością. Ale nadal jesteśmy na wyimaginowanej linii startu z tą myślą.

Dlatego też niniejszy artykuł obejmuje przede wszystkim poprzednie publikacje na temat kapitalizmu behawioralnego. Będą one zatem drukowane w takiej formie, w jakiej zostały opublikowane. Nadmiarowość jest więc dana, ale niewątpliwie również tworzy wartości pamięci.

Publikacje te stały się powodem do wstępnych dyskusji i pytań, które zostały omówione w osobnej sekcji.

Jest to zatem dokumentacja wczesnej fazy, która może służyć jako drukowana praca referencyjna, ale w żaden sposób nie rości sobie prawa do ostatecznej i ostatecznej prezentacji przedmiotu badań.

Należy również zauważyć, że kapitalizm behawioralny będzie głównym tematem XXI wieku, ale pozostanie tylko jego częścią. Ważny, ale taki, którego nie da się oddzielić od takich elementów, jak walka środowisk, drażniące społeczeństwo, zmiana czasów i kolektywny indywidualizm na rzecz spójnego obrazu teraźniejszości i przyszłości. Tylko ogólne spojrzenie jest kluczem do globalnego zrozumienia, a tym samym do kompleksowego rozwiązania. Kapitalizm behawioralny jest zatem ważnym wzorem wyjaśniającym, ale takim, który wymaga zaklasyfikowania do większej struktury, która jednak nie będzie częścią tego pisma.

Pamiętając o tym, może być to trudne ze względu na bisancję i dominację treści poszczególnych podobszarów, ponieważ każdy z nich może być przedmiotem całego życia jako badacz, ale jest to absolutnie konieczne, ponieważ w przeciwnym razie może dojść do jednostronnych błędnych osądów. Należy tego uniknąć poprzez wyżej wymieniony pogląd ogólny.

Andreas Herteux

Kapitalizm behawioralny - nowa różnorodność kapitalizmu zyskuje władzę i wpływy

- Zachowanie człowieka jest użytecznym surowcem.

- Ze względu na postęp technologiczny surowiec ten przekształcił się w czynnik produkcji.

- Ten czynnik produkcji doprowadził do powstania nowych modeli biznesowych, które obecnie mają ogromny wpływ na życie gospodarcze, polityczne i społeczne.

- Należy zatem mówić o nowej odmianie kapitalizmu: kapitalizmie behawioralnym.

- Ta nowa forma kapitalizmu nie jest jeszcze rozumiana jako taka, co wiąże się z niebezpieczeństwem, że tworzy ona

władzę i relacje rynkowe, które z trudem lub tylko z wielkim trudem mogą być później skorygowane.

Świat doświadcza zmiany czasu i ery zmian. Dynamiczny, szybki i w którym momencie można to rozpoznać wyraźniej niż postęp technologiczny, który z ogromną siłą i w niewiarygodnym tempie zmienia życie osobiste i wspólnotowe i nie pozostawia prawie żadnego pola do manewru, czy to politycznego, społecznego, czy gospodarczego. W ramach tego procesu wpływy uległy zmianie i powstały nowe. Wszystko to jednak niemal niezauważalnie, niemal pełzająco w cieniu i jeszcze na końcu niemal wszystko to styczne. Technologia bardziej niż kiedykolwiek oznacza władzę i ten szczególny wpływ poprzez inteligentny świat, można dziś znaleźć w świecie zachodnim, zadziwiająco powiązanym z kilkoma firmami, które oczywiście nie są zainteresowane publicznym wyjaśnianiem ryzyka swojej działalności, ponieważ przede wszystkim dostrzegają możliwości swoich działań, a nie niebezpieczeństwa. Kto będzie ich winił? Ilu ludzi naprawdę rozumie swoje modele biznesowe? Czyż nie wydawało się, że wyszły one znikąd, te miliardowe firmy, które są teraz niezbędne?

Ten nowy wpływ dużych grup technologicznych, które często istnieją tylko przez kilka lat, jest zdumiewający i zdumiewający, podobnie jak rozwój, że ich produkty stały się nieodzowną częścią codziennego życia wielu ludzi i społeczeństwa w zastraszającym tempie. Cichy podbój, a mimo to są one czymś więcej niż tylko inteligentnymi modelami biznesowymi, które można łatwo zintegrować z istniejącymi modelami biznesowymi. Firmy te są jedynie graczami na polu gry, które umożliwiło ich istnienie i rozwój. Jedną z rzeczy, która zbyt często była dotychczas niedoceniana i pomijana, jest kapitalizm behawioralny.

Za pomocą tego terminu samo dziecko zostało wyprowadzone i ochrzczone przez autora tych linii, uczucie przesunięcia relacji władzy nabiera uporządkowanego, dobrze ugruntowanego kształtu i staje się zrozumiałe. Akumulacja mocy nie może już dłużej kryć się za mechanizmami nowego, ale jest wyraźnie widoczna w świetle. Konieczność, ponieważ nieokiełznany i nieokiełznany kapitalizm behawioralny jest nawet bardziej niebezpieczny niż zły kapitalizm finansowy, ponieważ potrzebuje nie tylko kapitału, ale człowieka jako całości do żniw. O każdej porze, każdego dnia. Tak, zjawisko było wyczuwalne. Teraz znajduje swoją analizę i porządek. Kapitalizm behawioralny musi zatem zostać zidentyfikowany i zinterpretowany, aby móc sobie z nim radzić pewnie i pozytywnie. Dziki koń potrzebuje ujeżdżenia, inaczej przejdzie przez nie na końcu.

W odosobnionych przypadkach, co należy odnotować, podejmowane są już dalsze próby nadania nowej erze formy werbalnej, o której w szczególności należy wspomnieć koncepcję kapitalizmu dozoru Shoshana Zuboffa, ale to, i proszę mi wybaczyć to słowo, nie idzie wystarczająco daleko, aby wystarczająco wyjaśnić odpowiednie zmiany globalne, a także silnie koncentruje się na możliwych negatywnych aspektach szalejącego rozwoju, który może być zarówno błogosławieństwem, jak i przekleństwem, prawda leży zazwyczaj w środku.

Model kapitalizmu behawioralnego opiera się zatem na innym, neutralnym podejściu i ma niewiele wspólnego z kapitalizmem nadzoru, poza tym, że obaj chcą podejść do tego samego zjawiska. Niemniej jednak zaleca się pracę z tym przygotowaniem. Ponieważ jednak strony te mają na celu jedynie krótkie opisanie kapitalizmu behawioralnego, głębsza analiza innych pojęć może mieć miejsce tylko oddzielnie.

Zacznijmy zatem od rzeczywistego tematu i natychmiast z definicją:

> **Kapitalizm behawioralny jest odmianą kapitalizmu, w której ludzkie zachowanie staje się głównym czynnikiem produkcji i dostarczania dóbr i usług.**

Kluczem do zrozumienia tej nowej formy kapitalizmu jest spojrzenie na ludzkie zachowanie jako użyteczny zasób. Z tego, o ile można to wystarczająco wygrać, z jednej strony można wywnioskować potrzeby ludzi, ale z drugiej strony również prognozy dotyczące przyszłych działań. Na podstawie tego surowca można zatem wytwarzać produkty i usługi, które odpowiadają potrzebom lub przyszłym zachowaniom. Możliwy jest również handel samymi danymi na rynku. Jak definiuje się zachowanie?

> **Zachowanie oznacza działanie, tolerowanie i niedziałanie. Procesy mogą być świadome lub nieprzytomne. Wpływ na nią i jej wytwarzanie mają bodźce.**

Wszystko to może zabrzmieć strasznie abstrakcyjnie, ale przy bliższym przyjrzeniu się, zachowanie zawsze było wykorzystywane jako surowiec, choć nie zawsze tak było. Nie chcemy odnosić się do sprzedaży odpustów w średniowieczu, ale do branży ubezpieczeniowej. Jest to doskonały przykład tego, jak zachowanie klienta, często w osobie przedstawiciela, jest badane, następnie oceniane przez firmę, a następnie wykorzystywane do ulepszenia istniejących produktów, tj. ubezpieczeń, oraz do tworzenia nowych usług. Tylko w ten sposób można było wyobrazić sobie twórczy rozwój, taki jak ochrona własnej śmierci. Ponieważ są to dobra niematerialne, tj. dobra niematerialne, zachowanie zainteresowanych stron i klientów ma ogromne znaczenie.

Zasadniczo zawsze był to czynnik produkcji, przynajmniej w tych obszarach, i właśnie z tą ideą możemy podejść do tej nowej formy kapitalizmu, ponieważ uznanie, że potrzeby i zachowanie potencjalnych klientów są ważnym składnikiem możliwości skutecznego oferowania i sprzedawania produktów i usług, nie jest ani oryginalne, ani nie wymaga bardziej dogłębnych badań.

Ale teraz warunki się zmieniły, ponieważ rozwój technologiczny doprowadził do powstania nowych modeli biznesowych, które zyskały taki wpływ, że rodzą pytanie, czy już dawno rozwinęły się w niezależną formę kapitalizmu, kapitalizmu behawioralnego. W ten sposób dochodzimy do głównej tezy niniejszego opracowania, zgodnie z którą nowe możliwości behawioralnego skimmingu przekształciły surowiec w czynnik produkcji, a tym samym w odrębny wariant kapitalizmu.

> **Centralnym czynnikiem produkcji kapitalizmu behawioralnego jest zachowanie człowieka.**

Nie to, że nie zawsze chcieliśmy wiedzieć jak najwięcej, ale tylko z wyżej wspomnianym rozwojem technologicznym problem trudnego pozyskiwania danych behawioralnych zniknął w bardzo krótkim czasie. Nie dziwi zatem, z jaką szybkością pojawiły się duże firmy technologiczne, takie jak Amazon, Facebook czy Google, które zaczęły zbierać dane, wykorzystywać zachowania zgodnie z kapitalistycznymi metodami i stopniowo osadzać ludzi. Algorytmy i automatyzacja umożliwiły to, czego ludzie nie byliby w stanie zrobić.

Byli wielkimi kapitalistami behawioralnymi. Teraz analizują one bodźce homo i próbują generować informacje lub dane na podstawie ich zachowania lub oferować lub pośredniczyć w oferowaniu produktów i usług. Dostosowane do indywidualnych potrzeb. Zachowanie" surowca stało się czynnikiem produkcji.

Ten nowy czynnik produkcji jest obecnie tak ważny, że stał się on również niezbędny dla kapitalizmu klasycznego i finansowego, ponieważ wiedza o obecnych zachowaniach, na którą składają się ogromne ilości uzyskanych danych, umożliwia w wielu przypadkach ocenę lub wpływ na przyszłe zachowania.

> **Dziś zachowanie jest również głównym czynnikiem produkcji dla kapitalizmu klasycznego i finansowego i uzupełnia pracę, ziemię i kapitał.**

Takie zachowanie jest następnie wykorzystywane bezpośrednio jako towar lub przetwarzane na satysfakcję i/lub prognozowane produkty w procesie produkcyjnym.

> **<u>Produkt satysfakcjonujący ma na celu</u>** zaspokojenie ludzkich potrzeb.
>
> **<u>Prognoza produktu</u> przewiduje przyszłe zachowanie człowieka.**
>
> **<u>Dane behawioralne</u> mogą być również przedmiotem handlu bez dalszego przetwarzania.**

Algorytmy i coraz więcej sztucznej inteligencji przejmuje to zadanie. W celu uproszczenia podsumowujemy ten zdecentralizowany proces w opisowej metaforze fabryki behawioralnej.

> **Przechowywanie zachowań, jak również przetwarzanie do celów satysfakcji i prognozowania produktów odbywa się w fabryce zachowań.**

Tyle jeśli chodzi o podstawowe definicje i historię rozwoju. Poniżej bardziej szczegółowo zbadana zostanie funkcjonalność i proces tworzenia wartości kapitalizmu behawioralnego.

Cykl kapitalizmu behawioralnego

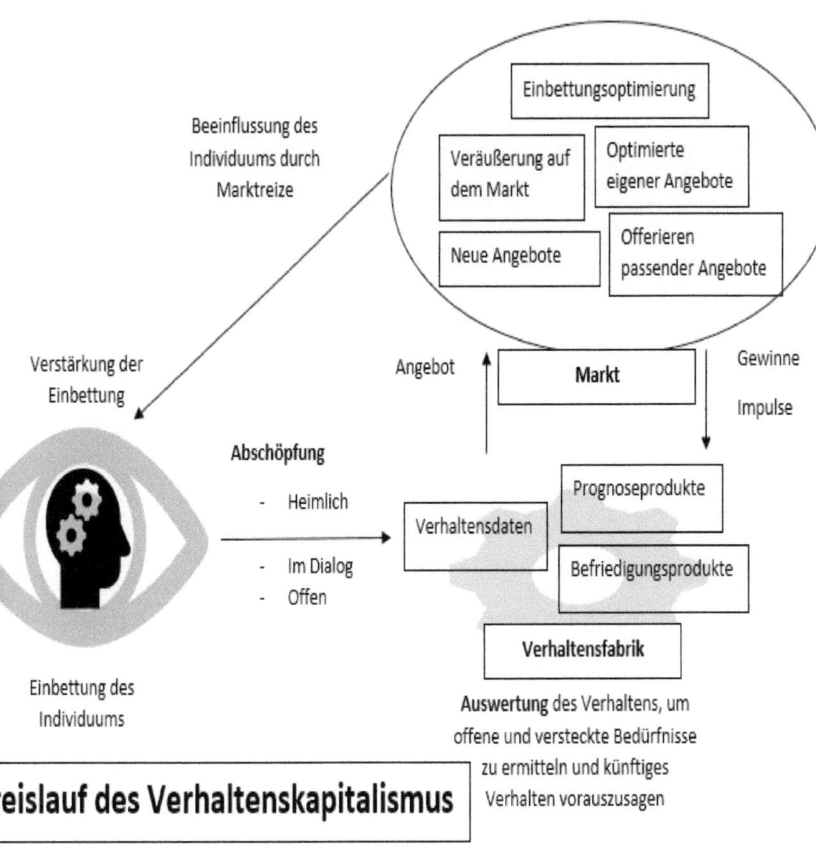

Absorpcja danych behawioralnych

Kapitalizm behawioralny opiera się na zachowaniu surowca i czynnika produkcji, które powstaje w wyniku reakcji jednostki na bodźce. Najpierw musi wygrać to przez skimming. Zawsze podejmowano takie próby, ale to właśnie postęp technologiczny napędzany zmianą czasu umożliwił zautomatyzowane zbiory w dużych ilościach. Proces skimmingu ma trzy warianty:

- **Otwarty skimming**

    W tym przypadku osoba fizyczna jest świadoma, że jej dane zostaną wykorzystane do wytworzenia pewnych odpowiadających im produktów związanych z prognozą i zadowoleniem.

    Typowym przykładem może być wejście do wyszukiwarki. Jego osobiste zachowanie lub zainteresowanie jest otwarcie wykorzystywane do przedstawienia mu pożądanego rezultatu. W ciągu zaledwie jednej minuty, na przykład, rok 2017 będzie wydarzeniem o zasięgu ogólnoświatowym:

- 3,8 mln wyszukiwań w wyszukiwarkach Google

- 47,000 Przesyłanie zdjęć w formacie Instagram Photo Uploads

- 4,1 mln kliknięć wideo w serwisie Youtube

- 530,000 akcji zdjęciowych na czacie błyskawicznym (snap chat)

- 456,000 Transmisje wiadomości na Twitterze

Dane te w imponujący sposób dowodzą, że wiele danych behawioralnych jest przekazywanych dobrowolnie w wielu przypadkach, ponieważ tworzy to wartość dodaną dla użytkownika.

- **skimming dialogowy**

  W pominięciu dialogowym, osoba i maszyna (algorytm, AI) wchodzą w proces dialogu, który służy nie tylko do identyfikacji potrzeb, ale także do oszacowania przyszłego zachowania. W ten sposób obie strony reagują na bodźce i obecnie możliwe jest ujawnienie potrzeb, o których użytkownik mógł nie wiedzieć. Interakcja może być otwarta lub ukryta. Ważne jest to, że proces wykracza poza działanie.

- **Ukryty skimming**

  W przypadku ukrytego skimmingu, zachowanie jest zbierane i dalej przetwarzane lub odsprzedawane bez wiedzy użytkownika. Przykładem może być sytuacja, w której dane profilu osoby fizycznej są wykorzystywane w sieciach społecznościowych do opracowywania komercyjnych produktów i usług, które mogą być wykorzystywane do manipulacji zachowaniami lub kontroli. Przykładem może być wykorzystanie 87 milionów danych użytkowników Facebooka z Cambridge Analytica do kampanii wyborczej Donalda Trumpa w 2017 roku.

Granice między poszczególnymi wariantami są oczywiście płynne. Na przykład, większość użytkowników wyszukiwarek zdaje sobie sprawę, że wynikom towarzyszą reklamy produktowe z tego samego zakresu tematycznego. Podobnie użytkownicy mediów społecznościowych powinni być świadomi, że ich dane są wykorzystywane do osadzania. Sztywne oddzielenie rodzajów opłat nie ma zatem sensu.

Transformacja w fabryce zachowawczej

Uzyskane ilości danych są obecnie przechowywane w fabryce behawioralnej, co jest metaforą reprezentującą skomplikowany i zdecentralizowany proces przetwarzania w sposób bardziej plastyczny, a następnie przetwarzane w części na produkty. Produkowane są produkty prognozowane oraz produkty satysfakcji.

Produkty prognozowane są wykorzystywane do oszacowania przyszłego zachowania jednostki. Typowym przykładem może być użytkownik sieci społecznościowej, który jest zainteresowany turystyką, prezentuje zdjęcia i dokumenty uczestnictwa w wydarzeniach. Algorytm może teraz odczytywać te dane i uzupełniać je innymi informacjami, takimi jak wiek, miejsce zamieszkania, skłonności marki, styl itp. W połączeniu z odczytem historii przeglądarki, co może się zdarzyć nawet jeśli nie jesteś już zalogowany do odpowiedniej sieci, tworzony jest produkt prognozy, którego wynikiem może być na przykład to, że właśnie ten użytkownik najprawdopodobniej ponownie wyruszy na odpowiednie wycieczki w lecie. W związku z tym sensownym byłoby skonfrontowanie go praktycznie z odpowiednimi usługami (np. oferty turystyczne) lub produktami (np. buty turystyczne) na krótko

przedtem. Prognozowany produkt otwiera drzwi do u-
kierunkowanego podejścia.

Z drugiej strony, produkty zaspokajające potrzeby
są specjalnie ukierunkowane na zaspokojenie zidentyfikowanych potrzeb. Nie w przyszłości, ale w
teraźniejszości. Interesujące jest to, że produkt satysfakcji może odnosić się zarówno do potrzeby, o której
użytkownik jest świadomy, jak i do potrzeby, nad którą
jeszcze się nie zastanowił, ale która wynika z analizy
zachowania. Tak więc to właśnie produkty satysfakcji,
ale także produkty prognostyczne, pełnią funkcję u-
jawniania wewnętrznych potrzeb jednostki i mogą być
ważnym elementem samorealizacji.

Handel na rynku

Zarówno produkty prognostyczne i satysfakcjonujące, jak i samo zachowanie mogą być wykorzystywane lub sprzedawane przez samego
zbierającego dane. Generuje to ogromne zyski, które

zazwyczaj są reinwestowane. Niekoniecznie tylko w poprzednim modelu biznesowym, ale także w innych dziedzinach, które zapraszają do współpracy. Pojawiają się zatem następujące możliwości dla rynku:

- **Oferowanie odpowiednich ofert**

  Dane te są wykorzystywane do oferowania odpowiednich ofert dla poszczególnych osób. Może to składać się z własnych usług i produktów, jednak są one zazwyczaj połączone z reklamą dla osób trzecich. Rdzeń modelu biznesowego jest nadal widoczny w tym miejscu.

  Ogólnie rzecz biorąc, szacuje się, że 25% globalnych dochodów z reklam jest obecnie generowane przez Facebook i Google, dwa z najlepszych przykładów stosowanego kapitalizmu behawioralnego. Do 2016 r. było to jeszcze 20%. Tendencja wzrasta.

- **Nowe oferty**

  Zachowanie sprawia, że konieczne jest projektowanie całkowicie nowych produktów w celu zaspokojenia zidentyfikowanych z nich potrzeb. Idea czerpania niezbędnych innowacji i dalszego rozwoju z obserwacji rynku jest tak stara jak sama działalność gospodarcza, ale dzięki nowym możliwościom syfonowania surowca, który wcześniej był trudny do wydobycia, nabrała zupełnie nowego wymiaru.

- **Optymalizacja własnych ofert**

  Własne oferty są ulepszane i dostosowywane przez produkty behawioralne i odpowiednie informacje zwrotne. Dotyczy to zarówno zbieraczy danych, jak i ich klientów. W szczególności, maszyna ucząca się polega na tych reakcjach, aby stale ulepszać swoje funkcje.

- **Sprzedaż na rynku**

  Wielkości danych są udostępniane stronom trzecim w stanie surowym lub już jako produkty do przetwarzania na potrzeby własnej działalności gospodarczej.

- **optymalizację osadzania**

  Indywidualizm zbiorowy zna osadzenie człowieka w kreacji indywidualnej rzeczywistości. Kapitalizm behawioralny przyczynia się do tego poprzez ciągły cykl skimmingu behawioralnego.

Prozess der Einbettung

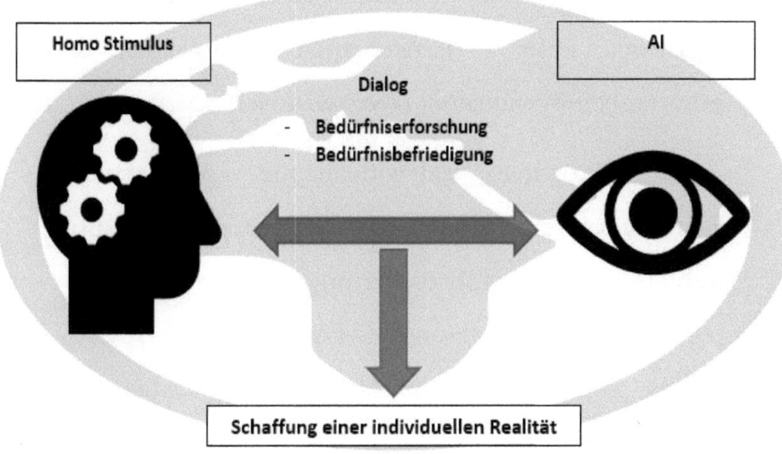

Alle Rechte Erich von Werner Gesellschaft 2019

Stymulacja osoby do reakcji.

W idealnym przypadku osoba reaguje na oferowane bodźce i w ten sposób tworzy nowe zachowania, które z kolei mogą zostać pominięte. Rezultatem jest cykl osadzania, który w końcu może doprowadzić do powstania indywidualnej rzeczywistości.

W całkowitym indywidualizmie kolektywnym, który oczywiście zakłada stały rozwój techniczny, pominięta w ten sposób osoba pogrążyłaby się stopniowo w zindywidualizowanej rzeczywistości. Jest to jednak nadal niekompletne ze względu na obecność walk w środowisku. Jednocześnie akumulują się zachowania surowcowe i kapitał inwestycyjny, co dodatkowo zwiększa możliwości fabryki zachowań i skimmingu. Cykl się rozwija. Gra, prowadzona przez maszynę, zaczyna się od początku. Tak więc z jednej strony powoduje ona osadzenie człowieka, ale jednocześnie powoduje dalsze oddalanie się od środowiska społecznego.

Inwentaryzacja i perspektywy

Kapitalizm behawioralny jest odmianą kapitalizmu, który, podobnie jak kapitalizm finansowy, jest trudny do zidentyfikowania w swoich skutkach i dlatego odgrywa jedynie podrzędną rolę w odbiorze społecznym i agendzie politycznej. Sprytnie wykorzystuje to, aby się rozpowszechniać i konsolidować, co w kapitalizmie często charakteryzuje się powstawaniem monopoli lub oligopoli. Dowodzi tego w sposób imponujący rzeczywista sytuacja grup technologicznych i ich siła rynkowa.

Kapitalizm behawioralny stał się zatem mocno ugruntowany, ale nie jest postrzegany jako taki. Najnowocześniejsza technologia umożliwia nigdy wcześniej nie widziane osadzenie, które może przeniknąć do najbardziej intymnych obszarów jednostki. Rozwój, który wymaga dokładniejszej analizy i nie może nadal mieć miejsca w cieniu, ponieważ uwolniony kapitalizm behawioralny byłby jeszcze silniejszą siłą niż kapitalizm finansowy, jaki kiedykolwiek istniał. Byłby środkiem dominacji.

Prezentacja tego rozwoju była celowo neutralna, ponieważ wiąże się zarówno z możliwościami, jak i zagrożeniami. Wbudowanie jednostki we własny świat, które służy zaspokajaniu jej potrzeb i samorealizacji, nie jest początkowo negatywne, zwłaszcza, że nie musi być ono projektowane w sposób zamknięty. Z drugiej strony, oczywiście, istnieje centralny świat, który ostatecznie kontroluje bodźce i dane oraz czy manipuluje się zachowaniem lub nawet własną rzeczywistością. To, podobnie jak model kapitalizmu behawioralnego, ma być teraz udostępnione do dyskusji.

Niniejszy artykuł jest dostępny pod DOI 10.13140/RG.2.2.18058.62402 i został opublikowany kilkakrotnie w tej samej formie oraz w języku niemieckim i angielskim i został wydany do dyskusji. Na przykład w Niemczech, w tygodniku "Der Freitag":

https://www.freitag.de/autoren/aherteux/der-auf-stieg-des-verhaltenskapitalismus

Kapitalizm behawioralny - powstanie w cieniu

rozmowa

Andreas Herteux, założyciel Towarzystwa im. Ericha von Wernera na funkcjonowanie i rosnący wpływ kapitalizmu behawioralnego, który badał, analizował i identyfikował.

Panie Herteux, opisał pan nowy typ kapitalizmu. Jakbyś opisał to w kilku słowach?

Kapitalizm behawioralny jest odmianą kapitalizmu, w której ludzkie zachowanie staje się głównym czynnikiem produkcji i dostarczania dóbr i usług.

Na początku brzmi bardzo abstrakcyjnie.

To prawda, a także sprawia, że bardzo trudno jest w ogóle rozpoznać kapitalizm behawioralny. Właściwie, to nie jest takie trudne. Pomyślmy o piekarzu i jego bułeczkach. Powinno być dla nas wszystkich jasne, jakich surowców będzie potrzebował w procesie produkcji. Na nasze bułeczki, może mąkę, wodę, drożdże i trochę soli.

Przeskoczmy z piekarni do Internetu. Większość z nas spotkała się już z reklamą spersonalizowaną. Na przykład, szukaliśmy wakacji w górach i nagle mamy do czynienia z e-mailami, reklamami bannerowymi i relacjami w mediach społecznościowych na ten temat. Ta spersonalizowana reklama może być jednak skierowana do nas tylko wtedy, gdy nasze zachowanie, w tym przypadku zapytanie ofertowe, zostało wcześniej ocenione. Wszystkie usługi, reklamy, sugestie przyjaźni - wszystkie te bułki wypiekano z jednego ciasta: nasze zachowanie, które wcześniej było otwarte, ukryte lub pominięte w dialogu, a następnie oceniane, co oznacza, że ten surowiec został przekształcony w produkty prognostyczne i satysfakcji w metaforycznej fabryce behawioralnej, aby uzyskać dla nas coś indywidualnego z pieca metaforycznego.

Jeśli spojrzeć na to z punktu widzenia, to czy zachowanie to mąka firm internetowych?

Zgadza się, zachowanie człowieka jest zatem oczywiście użytecznym surowcem i ten surowiec rozwinął się poprzez postęp technologiczny w czynnik produkcji, co doprowadziło do powstania zupełnie nowych modeli biznesowych, które w międzyczasie mają ogromny wpływ na życie gospodarcze, polityczne i społeczne. Mówienie o jednym modelu biznesowym byłoby fatalne, ponieważ jego władza jest na to zbyt wielka. Jest to raczej nowa odmiana kapitalizmu: kapitalizm behawioralny.

Czy wykorzystanie ludzkich zachowań jest naprawdę nowym zjawiskiem?

Oczywiście, zachowanie człowieka zawsze było istotnym czynnikiem i surowcem. Już sam dla obszarów sprzedaży i marketingu, ale także jako surowiec.

Pomyślmy tu tylko o branży ubezpieczeniowej, która już na długo przed nadejściem ery nowożytnej "odchudziła" zachowania klientów i w ten sposób zaprojektowała nowe produkty i zoptymalizowała stare. W tej branży surowiec ten zawsze stanowił coraz bardziej podstawową podstawę działalności gospodarczej. Przy okazji, również w polityce lub, jeśli lubisz to historycznie, w sprzedaży odpustów. Jednakże postęp techniczny niemal nieskończenie zwiększył możliwość odżywania się od zachowań i nie potrzebują już człowieka do oceny, ale, mówiąc wprost, tylko maszyny do nauki. Tylko dwie liczby, aby to podkreślić; Google sam miał około 3,8 mln wyszukiwań do 2017 r. i Youtube 4,1 mln kliknięć wideo. Za minutę. Można obliczyć w przybliżeniu, ile danych behawioralnych można pominąć w ciągu jednego dnia, a w większości przypadków produkt lub usługa może być nawet wyprodukowana i zaoferowana natychmiast, nawet jeśli jest to tylko odpowiedź na zapytanie ofertowe.

Mój agent ubezpieczeniowy może tylko marzyć o takiej ilości danych.

Firmy ubezpieczeniowe są dziś znacznie lepiej pozycjonowane, ale różnicę widać we właściwym miejscu. Tylko zmiana czasów, której elementami są również szybki i dynamiczny rozwój technologii i uwarunkowania człowieka do jej wykorzystania, które można by określić jako społeczeństwo drażniące, w którym nie chcemy dryfować w psychologię, przekształciły surowiec w czynnik produkcji. Dziś możemy więc mówić o kapitalizmie behawioralnym.

Czy istnieje analogia dla takiego rozwoju?
Tak, zgodnie z podobną zasadą kapitalizm finansowy wyrósł na klasyczny kapitalizm. Choć kapitał zawsze był ekonomicznym czynnikiem produkcji, to jednak było już za późno, aby zdać sobie sprawę, że doprowadził jako niezależny element do nowej odmiany kapitalizmu. Nawet dzisiaj istnieją poważne problemy z

rozpoznaniem i prawidłową interpretacją jej mechanizmów. Dlatego może się trochę zachowywać pod wpływem radaru. Tutaj jest analogia do kapitalizmu behawioralnego.

Sohsana Zuboff ostrzega również przed niebezpieczeństwami takiego rozwoju, chociaż nie używa terminu "kapitalizm behawioralny", który stworzyłeś, ale mówi o kapitalizmie nadzoru.

Tak i bardzo doceniam jej skrupulatną i krytyczną pracę, ale jej koncepcja kapitalizmu nadzoru ma niewiele wspólnego z modelem kapitalizmu behawioralnego. Pani Zuboff postrzega swój kapitalizm obserwacyjny, a słowo już to zdradza, jako coś zasadniczo negatywnego i stworzonego przez człowieka, co kilka lat temu wymyśliło w Google, aby świadomie zdobyć władzę, bogactwo i wpływy. Dla kapitalizmu behawioralnego, z drugiej strony, rozwój jest logiczną konsekwencją kapitalizmu i jest w ciągłości. Nie jest to degeneracja, jak to nazywa, ale woda po prostu płynie dalej. Firmy takie jak Google wyłoniły się z tej rzeki, a nie poza nią gdzieś na suchym brzegu.

Niemniej jednak obaj stanęliście w obliczu niebezpieczeństw.

Prawdą jest, że kapitalizm nadzorujący postrzega rozwój wyłącznie negatywnie. Chce ostrzec, chce być subiektywny i niekoniecznie pokazywać model jako reprezentację rzeczywistości. Kapitalizm behawioralny chce właśnie tego, dlatego też rozważa szanse i ryzyko oraz dąży do neutralnej prezentacji ogólnych mechanizmów. Oczywiście widzi też możliwości manipulacji, ale także drugą stronę.

Pomyślmy tylko o naszym przykładzie wyszukiwania zapytań. Otrzymasz również odpowiedź od Google & Co. i Youtube pokaże Ci żądany film. Zindywidualizowane treści nie muszą być zasadniczo złe, nawet jeśli są ukrywane, ponieważ dzięki osadzeniu w nich można nawet zidentyfikować potrzeby, których ludzie nigdy by nie odkryli bez nowej technologii. Weźmy przykład wakacji w górach. Być może maszyna do nauki sprawdzi się dla Ciebie, że wspinaczka górska zawsze była Twoją pasją? Czy byłoby to złe, gdybyś odkrył taką wewnętrzną potrzebę?

Z drugiej strony istnieje oczywiście możliwość manipulacji. Musimy się przed nimi bronić, ale nie możemy się oszukiwać, tak bardzo jak chcemy. Większe grupy ludności, a więc nie kilka środowisk, chętnie zamienią część swojej wolności na osadzenie, które określa ich potrzeby i zaspokaja je. Być może jakiś homo bodziec nawet dostać możliwości rozwoju osobistego po raz pierwszy. To brzmi przerażająco dla niektórych uszu, ale to będzie rzeczywisto¶ć. Ale rezygnacja byłaby złą reakcją. Rzeczywistość powinna raczej zachęcać nas, byśmy wyjaśnili wszystkim, że nie muszą wybierać: lub wolności, ale może mieć obie te cechy. Ale nie ma nawet żadnych oznak tego. Bardzo niebezpieczna sytuacja.

Jak stawić czoła niebezpieczeństwom kapitalizmu behawioralnego?

Przede wszystkim poprzez rozpoznanie ich i umieszczenie we właściwym kontekście. Kapitalizm behawioralny, wraz ze stymulującym społeczeństwem, zapoczątkuje erę zbiorowego indywidualizmu, w której proces indywidualizacji będzie jednak hamowany przez walkę środowisk. Podstawowe punkty, którymi dogłębnie zajmujemy się w Towarzystwie im. Ericha von Wernera, ponieważ tutaj również znajduje się przyczyna trudnej sytuacji społecznej, a nie w przestarzałych modelach wyjaśniających z poprzedniego wieku, takich jak przestarzały schemat lewicowo-prawicowy.

To oraz fakt, że znajdujemy się na progu nowej ery, która radykalnie zmieni międzynarodową równowagę sił w nadchodzących dekadach, musi zostać zrealizowane i zaakceptowane. Coś się porusza. Nawet jeśli mielibyśmy to rozpoznać, potrzebowalibyśmy pomysłów i tutaj niestety staliśmy się bardzo niewyobrażalni lub skapitulowaliśmy do złożonego świata i tak wielu powiązań, więc potrzebujemy kompleksowego rozwiązania, które może rozwiązać wszystkie te problemy. Z modelem alternatywnej hegemonii (model AH) przedstawiliśmy taki model, który mógłby skorygować kapitalizm i sprostać wielkim wyzwaniom naszych czasów. Dzięki niemu możemy przekształcić kapitalizm w gospodarkę rynkową o wysokiej wartości.

Zmiana na lepsze jest zatem możliwa. Wystarczy odwaga.

Wywiad został opublikowany w języku niemieckim i angielskim w różnych mediach. Na przykład jest on dostępny tutaj: https://www.dailypress.com/dp-ugc-article-behavioral-capitalism-andreas-herteux-on-th-2-2019-09-18-story.html

Kapitalizm behawioralny i kapitalizm dozoru - porównanie dwóch interpretacji rozwoju kapitalizmu

- Kapitalizm behawioralny uważa absorpcję i wykorzystanie danych behawioralnych za logiczny dalszy rozwój kapitalistyczny w ciągłości historycznej, a tym samym za rozwój nieunikniony.

- Kapitalizm nadzorczy rozróżnia zachowania, które są potrzebne do optymalizacji istniejących usług, oraz dane, które nie są im potrzebne. Uważa on wykorzystanie "nadmiernego zachowania" za wyraźnie stworzoną przez człowieka, nieobowiązkową i zdegenerowaną formę kapitalizmu, którego ostatecznym celem jest akumulacja władzy, bogactwa i wpływów.

- Zachowanie zawsze było surowcem dla kapitalizmu behawioralnego, który dzięki rozwojowi technicznemu stał się czynnikiem produkcji.

- W kapitalizmie nadzoru, tak zwane "zachowanie nadwyżkowe" zostało odkryte przez Google i wykorzystane bezpłatnie przez tę i inne firmy.

- Kapitalizm behawioralny dostrzega zarówno szanse, jak i zagrożenia związane z tym rozwojem.

- Z drugiej strony kapitalizm nadzorujący jest interpretowany wyłącznie negatywnie.

- Kapitalizm behawioralny znajduje się w kontekście, z którego nie można go rozerwać, a wiedza o tych powiązaniach jest niezbędna do radzenia sobie z nim i zrozumienia go.

- Kapitalizm nadzoru jest konstrukcją odizolowaną, stworzoną ostatecznie kilka lat temu, której autorstwo można znaleźć m.in. w Google, a zatem można z nim walczyć w ten sposób.

Uwagi wstępne

W bardzo krótkim czasie rozwój technologiczny umożliwił wprowadzenie nowych modeli biznesowych, przesunięcie relacji władzy i w końcu stworzył nową formę kapitalizmu. Rozwój ten jest często postrzegany krytycznie, ale jak dotąd w tej debacie nadal brakuje struktury i modeli, za pomocą których można dokonać ukierunkowanej i prostej klasyfikacji jako podstawy do szerokiej dyskusji. Istnieją już pierwsze próby ich ustalenia i dwie interpretacje tej ewolucji zostaną omówione poniżej.

Są to koncepcja kapitalizmu nadzoru i model kapitalizmu behawioralnego. Różne podejścia, które należy skontrastować, aby pokazać, że nie mówimy o tworzeniu nowych modeli biznesowych, ale o nowej formie kapitalizmu, która wymaga naszej pełnej uwagi, ponieważ grozi wywarciem poważnego wpływu na życie społeczne, społeczne, polityczne i gospodarcze, które sięga do najbardziej intymnej sfery jednostki.

Władza ta nie może i nie może ukrywać się w cieniu, ale musi być częścią publicznej dyskusji, którą znacznie ułatwiłaby zorganizowana prezentacja tego rozwoju kapitalizmu.

Główne cechy kapitalizmu nadzoru zostały przedstawione przez Shoshanę Zuboff w jej książce "The Age of Surveillance Capitalism".[1] Praca ta stanowi główną podstawę do dyskusji i porównań między koncepcją kapitalizmu nadzoru a koncepcją kapitalizmu behawioralnego. W odniesieniu do metodologii należy również zauważyć, że cytaty, a tym samym również numery stron odnoszą się do niemieckiej wersji dzieła.[2] Jest to uzasadnione faktem, że książka została po raz pierwszy wydana w języku niemieckim i że

---

[1] Zuboff, Shoshana, The Age of Surveillance Capitalism: Walka o przyszłość na nowej granicy książek o profilu energetycznym; 31. 01.2019

[2] Zuboff, Shoshana, The Age of Surveillance Capitalism. Wydawnictwo Campus 4 października 2018 r.; 04 października 2018 r.

dostępna jest duża liczba wywiadów uzupełniających lub raportów.[3] Wszelkie spotkania w języku angielskim zostały jednak uwzględnione w ogólnej ocenie w taki sam sposób jak spotkania w języku innym niż angielski.

Z drugiej strony, prezentowane są wyniki badań własnych, których publikacja ma jednak jeszcze bardziej aktualny charakter i musi jeszcze iść drogą ustanowienia i akceptacji.

Cele niniejszego pisma są zatem następujące:

1) Porównać dwie podstawowe interpretacje rozwoju kapitalizmu

2) Przyczynianie się do nadania temu nowemu zjawisku charakteru opisowego i nadania mu medabilnej struktury.

---

3) Stworzenie podstaw do dyskusji na temat możliwości i zagrożeń rozwoju kapitalistycznego.

Od początku należy zauważyć, że autor artykułu jest również autorem traktatów o kapitalizmie behawioralnym.

1. Definicje i pochodzenie

Shosana Zuboff podsumowuje współczesny rozwój kapitalizmu pod pojęciem "kapitalizmu nadzoru". Oferuje on dłuższą definicję tego pojęcia, które należy rozpatrywać krok po kroku i porównywać z kapitalizmem behawioralnym:

> *"[....] [Kapitalizm nadzorczy jest] nową formą rynku, która wykorzystuje doświadczenie ludzkie jako wolny surowiec do prowadzenia ukrytych operacji handlowych w zakresie wydobycia, prognozowania i sprzedaży".[4]*

W kapitalizmie nadzoru człowiek ostatecznie odgrywa rolę pola, które jest zbierane przez firmy technologiczne w celu zarabiania pieniędzy z produktów

---

[4] Definicja znajduje się we wstępie i dlatego nie ma oddzielnego numeru strony.

wygranych w końcu, jak również w celu zdobycia władzy i wpływów.

Równolegle wskazuje się, że kapitalizm nadzorujący można opisać jako nową formę rynku poprzez jego wpływ na życie społeczne, osobiste, społeczne, polityczne i gospodarcze.

Należy temu przeciwstawić definicję kapitalizmu behawioralnego, który ma pewne podobieństwa i wiele innych różnic:

> *"Kapitalizm behawioralny jest odmianą kapitalizmu, w której ludzkie zachowanie staje się głównym czynnikiem produkcji i dostarczania dóbr i usług.*[5]

Definicja kapitalizmu behawioralnego jest szersza, ponieważ skupia się jedynie na randze "zachowania" jako czynnika produkcji. Jednak kapitalizm behawioralny również zakłada, że jest to nowa forma

---

[5] Herteux, Andreas, Behavioural Capitalism - nowa różnorodność kapitalizmu zyskuje moc i wpływy

kapitalizmu. Oba modele zgadzają się zatem co do tego punktu. Interesującą różnicą jest jednak to, że skupia się on raczej na ludzkich zachowaniach niż na doświadczeniu. Zachowanie jest zdefiniowane w następujący sposób:

"Zachowanie jest rozumiane jako działanie, tolerowanie i niedziałanie. Wiesz, co to jest?

Procesy mogą być świadome lub nieprzytomne. Wpływ na nią i jej wytwarzanie mają bodźce. [....] Centralnym czynnikiem produkcji kapitalizmu behawioralnego jest ludzkie zachowanie."[6]

Czy jest to jednak tylko rozmycie językowe musi pozostać otwarte, w graficznym przeglądzie ("Odkrycie nadmiaru zachowań"; strona 121) w książce

---

[6] Herteux, Andreas, Behavioural Capitalism - nowa różnorodność kapitalizmu zyskuje moc i wpływy

Zuboffa nie wspomina się już o doświadczeniu. Terminy te mogą być tutaj rozumiane jako synonimy.

W kapitalizmie behawioralnym, z drugiej strony, o zachowaniu celowo mówi się, ponieważ opiera się ono na teorii społeczeństwa bodźców, które zakłada rozwój jako bodziec homo.[7]

[7] Herteux Andreas, Die Reizgesellschaft - W drodze do epoki kolektywnego indywidualizmu;
"Społeczeństwo bodźców jest ogólnie rozumiane jako stowarzyszenie jednostek, które są wystawione na bodźce mające wpływ na silną częstotliwość, które zazwyczaj są sztucznie generowane i które mają trudności lub nie są w stanie oprzeć się tym bodźcom lub w niektórych przypadkach nie chcą się im oprzeć. [....] Pojawia się bodziec homo, bodziec człowieka,".

Pochodzenie kapitalizmu nadzorującego

Różnice stają się wyraźniejsze, gdy przygląda się szerszej definicji kapitalizmu nadzoru. Zuboff[8] opisuje to jako *"formę kapitalizmu wyciętego w swoim rodzaju, charakteryzującego się niezrównaną w historii ludzkości koncentracją bogactwa, wiedzy i władzy"*.

Kapitalizm obserwacyjny jest jednak nie tylko anomalią, ale został świadomie stworzony przez kilka osób na początku niedawnej przeszłości i stale zwiększał swoją siłę:

> *"Kapitalizm nadzoru rozpoczyna się od odkrycia nadwyżki zachowań [....] Przede wszystkim[9] musimy pamiętać o jednej rzeczy:*

---

[8] Definicja znajduje się we wstępie i dlatego nie ma oddzielnego numeru strony.

[9] Strona 121

Kapitalizm dozoru został wymyślony przez określoną grupę ludzi, w określonym czasie, w określonym miejscu. Niekoniecznie wynika to ani z technologii cyfrowej, ani z kapitalizmu informacyjnego. Został on świadomie stworzony [....].[10]

"*Google odniósł pierwsze sukcesy w biznesie internetowym na początku XXI wieku, a następnie prognozuje wskaźniki klikalności dla reklam wykonanych na zamówienie. Ale monitorowanie nie jest już ograniczone do reklamy internetowej. Produkty tworzone w wyniku nadzoru stają się coraz bardziej dochodowe niż tradycyjne produkty i usługi. Firmy ze wszystkich dziedzin życia konkurują o nasze dane behawioralne, dzięki czemu*

---

[10] Zuboff, strona 108

mogą przewidzieć, co, kiedy i jak będziemy

działać, czuć się, chcieć i kupować".[11]

"Kapitalizm obserwacyjny jest zjawiskiem

historycznym, a nie technologiczną nieuch-

ronnością. Został wynaleziony około 2001

roku przez firmę o nazwie Google."[12]

Jest to zatem zrozumiałe tylko wtedy, gdy kapitalizm nadzorujący jest ostatecznie postrzegany negatywnie, ponieważ jest to

"[....] pasożytnicze [...] podstawy i ramy

gospodarki dozoru [...] powstanie nowej

---

[11] Wywiad z Süddeutsche Zeitung z 07.11.2018;
https://www.sueddeutsche.de/digital/shoshana-zuboff-ueberwachungskapitalismus-google-facebook-1.4198835

[12] Wywiad z tygodnikiem "Der Freitag" z 02.04.2019;
https://www.freitag.de/autoren/the-guardian/tyrannei-die-sich-von-menschen-ernaehrt

władzy instrumentalnej, która domaga się ponad społeczeństwem i stawia demokrację rynkową w obliczu niepokojących wyzwań. [...] ma na celu nowy porządek zbiorowy w oparciu o całkowitą pewność. [....] wywłaszczenie krytycznych praw człowieka, które najlepiej można rozumieć jako przewrót z góry - obalenie suwerenności ludowej".[13]

Pochodzenie kapitalizmu behawioralnego

W przeciwieństwie do kapitalizmu nadzoru, kapitalizm behawioralny postrzega rozwój kapitalizmu nie jako plan stworzony przez człowieka, ale jako logiczny i pociągający dalszy rozwój samego kapitalizmu.

Nie Google & Co. opracowały model biznesowy, ale zmiana czasów[14] otworzyła nowy kierunek dla

---

[13] Definicja znajduje się we wstępie i dlatego nie ma oddzielnego numeru strony.

[14] Herteux Andreas, "Koncepcja zmiany czasu".

kapitalizmu, który został przyjęty tylko przez firmy technologiczne.

Nie było zatem konieczne, aby jakakolwiek firma odkryła jakąkolwiek formę zachowania na zapleczu, ale zachowanie zawsze było surowcem. Doskonałym tego przykładem jest branża ubezpieczeniowa, która badała, oceniała i wykorzystywała zachowania klientów na długo przed nadejściem ery Internetu, aby zoptymalizować obecne produkty ubezpieczeniowe i wygenerować nowe. Zasadniczo zawsze był to czynnik produkcji, przynajmniej w tych obszarach, i właśnie z tą ideą możemy podejść do tej nowej formy kapitalizmu, ponieważ uznanie, że potrzeby i zachowanie potencjalnych klientów są ważnym składnikiem możliwości skutecznego oferowania i sprzedawania produktów i usług, nie jest ani oryginalne, ani nie wymaga bardziej dogłębnych badań.

Ale dzięki nowym technologiom, tworzeniu drażniącego społeczeństwa i możliwości maszynowego skimmingu, mały strumień dopływu powstał z szybkiego głównego nurtu kapitalizmu, który z czasem rozwinął się również w niebezpieczny zbiornik wodny. Ewolucja, której doświadczyliśmy już w przypadku kapitalizmu finansowego. Tutaj również kapitał był ważnym środkiem od samego początku, ale później oderwał się i założył niezależną odmianę kapitalizmu. Owoce rosły na drzewie, ale nasiona spadły na ziemię i rosły tam w niesamowitym tempie. Nie dziwi zatem, z jaką szybkością pojawiły się duże firmy technologiczne, takie jak Amazon, Facebook czy Google i zaczęły zbierać dane, gdy tylko pojawiły się możliwości. Tak więc logiczne było tylko używanie zachowania według kapitalistycznych metod i stopniowe osadzanie ludzi. Algorytmy i automatyzacja umożliwiły to, czego ludzie nie byliby w stanie zrobić, a surowiec i zwykłe środki produkcji stały się czynnikiem produkcji nowego kapitalizmu: kapitalizmu behawioralnego.

Entwicklung der Spielarten des Kapitalismus

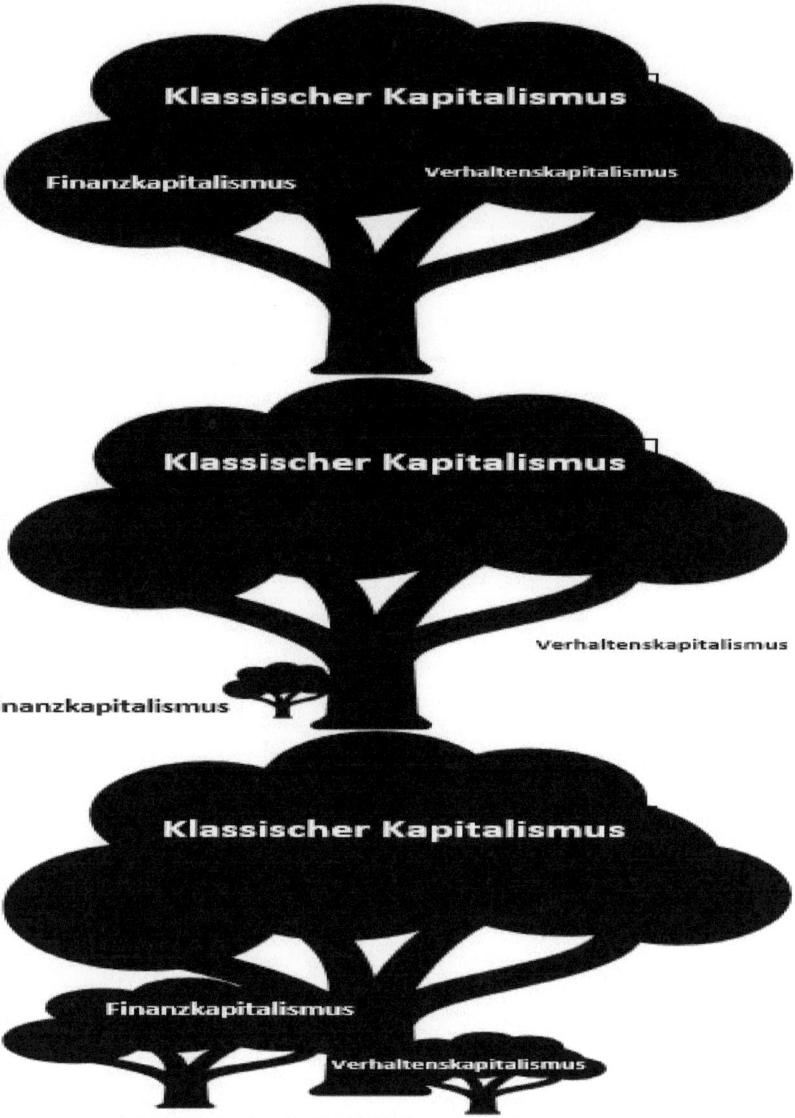

Klassischer Kapitalismus
Finanzkapitalismus
Verhaltenskapitalismus
Klassischer Kapitalismus
Verhaltenskapitalismus
inanzkapitalismus
Klassischer Kapitalismus
Finanzkapitalismus
Verhaltenskapitalismus

2. Jak to działa

Po rozważeniu definicji i pochodzenia, należy teraz porównać funkcje obu opisów.

kapitalizm nadzoru

Zuboff wyjaśnia funkcjonowanie kapitalizmu nadzoru w następujący sposób:

> *"Kapitalizm nadzorujący twierdzi, że jednostronne doświadczenie ludzkie jest surowcem do przekształcenia w dane behawioralne [...]".*[15]

W tym momencie zakłada się, że kapitalizm nadzoru, który jest ostatecznie jedynie narzędziem mniejszym, jest wykorzystywany do spuszczania doświadczeń bez względu na człowieka.[16] Bardzo

---

[15] Zuboff, strona 22

[16] Pewien problem pojawia się tutaj ponownie, poprzez użycie niejasnego terminu "doświadczenie ludzkie". Czy

ważny punkt, ponieważ w idei kapitalizmu nadzoru jednostka jest jedynie krową w stajni, która jest stale dojona i w końcu, metaforycznie z utratą wolności, poddana ubojowi. Zastrzeżenia, takie jak to, że osoba wchodząca w zapytanie ofertowe otrzymuje w zamian listę wyników lub że ukryty skimming może również służyć do identyfikacji potrzeb, nie są akceptowane.

"Trudno jest określić naszą aktualną pozycję w tej konstelacji. Najpierw powiedziano nam, jak bardzo możemy być szczęśliwi, że możemy otrzymać darmowe usługi. Kiedy dowiedzieliśmy się, że firmy gromadzą dane o nas, byliśmy "produktem". I powiedziano nam, że to była uczciwa wymiana handlowa.

"doświadczenie" jest pomijane przez wpisanie słowa w wyszukiwarce? Albo tylko zachowanie, wkład. Kiedy dane z profilu na Facebooku są wykorzystywane do jego oceny, czy są to wartości empiryczne? Nie, ostatecznie jest to tylko zachowanie wejściowe podczas tworzenia i utrzymywania profilu.

Ale nie jesteśmy produktem, ale raczej źródłem, swobodnie dostępnym surowcem. To z kolei jest przetwarzane na produkty, które służą interesom tych, którzy korzystają z naszych przyszłych zachowań".[17]

"Oświadczyli, że mają prawo do zdobywania naszych prywatnych doświadczeń, przekształcania ich w dane w celu posiadania ich jako własności prywatnej. Google zaczął jednostronnie twierdzić, że sieć WWW należała do niego i jego wyszukiwarki. [....] Kiedyś przeszukaliśmy Google, teraz Google przeszukuje nas. Kiedyś myśleliśmy, że usługi cyfrowe są dostępne za darmo, teraz

---

[17] Wywiad z Süddeutsche Zeitung z 07.11.2018; https://www.sueddeutsche.de/digital/shoshana-zuboff-ueberwachungskapitalismus-google-facebook-1.4198835

kapitaliści nadzoru myślą, że jesteśmy dostępni za darmo".[18]

Kapitalizm nadzorujący nie tylko interpretuje relacje pomiędzy kapitalistami nadzorującymi a użytkownikami jako jednostronne i pasożytnicze, ale także wyraźnie ostrzega przed dalszym pogłębianiem się tej nierównowagi:

"Jednak także dlatego, że taki pasożytniczy rozwój stał się podstawą lukratywnego kapitalizmu XXI wieku. Obecnie mamy do czynienia z bezprecedensową koncentracją wiedzy i władzy, wolną od demokratycznej kontroli i pozostającą poza naszą indywidualną kontrolą. Kapitalizm nadzoru opiera się na niewyobrażalnych historycznie asymetriach

---

[18] Wywiad z tygodnikiem "Der Freitag" z 02.04.2019; https://www.freitag.de/autoren/the-guardian/tyrannei-die-sich-von-menschen-ernaehrt

wiedzy. Kapitaliści nadzorujący wiedzą o nas wszystko. Niewiele wiemy o tym, co robią i co wiedzą. Wykorzystują oni swoją wiedzę, aby wpłynąć na nasze zachowanie. To zupełnie nowy rodzaj mocy.[19]

Po nałożeniu opłat uzyskane dane są dzielone:

"Niektóre z tych danych są wykorzystywane do ulepszania produktów i usług, reszta to zastrzeżona nadwyżka zachowań, z której, przy pomocy zaawansowanych procesów produkcyjnych, które [....] można podsumować pod pojęciem "maszyny lub sztuczna inteligencja", powstają produkty do przewidywania, które przewidują to, co

---

[19] Wywiad z Süddeutsche Zeitung z 07.11.2018;
https://www.sueddeutsche.de/digital/shoshana-zuboff-ueberwachungskapitalismus-google-facebook-1.4198835

będą robić teraz, w najbliższej przyszłości lub kiedyś w przyszłości. Wreszcie, te produkty prognozowania są przedmiotem obrotu na nowym rynku prognozowania zachowań, [....] [zwanym] behawioralnym rynkiem kontraktów terminowych.[20]

W tym momencie staje się on nieco rozmyty, ponieważ nie zawsze wyraźnie rozróżnia się, czy kapitalizm nadzorujący21 opisuje jedynie wykorzystanie tego, co nazywane jest "nowymi środkami produkcji", czy też usprawnieniami. Sformułowanie powinno odnosić się do obu tych kwestii.

Pytanie, czy nie jest jedną z podstawowych cech gospodarki kapitalistycznej, że nowe produkty, usługi i innowacje powstają z nadwyżek środków produkcji, pozostaje otwarte. To samo odnosi się do kwestii, czy

---

[20] Zuboff, strona 22

[21] Zuboff, strona 121

identyfikacja potrzeb i wymogów, która ostatecznie jest niczym innym jak badaniem rynku za pomocą nowoczesnych środków, nie musi być podstawą działalności każdego przedsiębiorstwa, które nie może działać na rynku sprzedawcy, pod ochroną państwa lub w ramach oligopolu lub monopolu.

Separacja powoduje również problemy właśnie dlatego, że Zubuff widzi w szczególności te dane, które nie są wymagane do optymalizacji, czyli "nadwyżkę zachowań", szczególnie krytycznie:

"Więcej danych behawioralnych jest dostarczanych niż jest to konieczne do poprawy jakości usług. Nadwyżka ta zapewnia nowe środki produkcji, które pozwalają na tworzenie prognoz na podstawie zachowań użytkowników. Produkty te są sprzedawane klientom biznesowym na nowych kontraktach terminowych na zachowanie. Cykl

reinwestycji wartości behawioralnej podlega tej nowej logice.[22]

Ale czy nie jest tak, że dane wykorzystywane do optymalizacji i przewidywania nie powinny być w dużej mierze identyczne? A dla kogo są nowe produkty? Tylko dla klientów biznesowych? Nie dla samego klienta? I czy rynek nie jest dużo większy niż tu opisany? Wydaje się to trochę jak próba rozróżnienia między dobrym nowym kapitalizmem ("optymalizacja usług") a złym nowym kapitalizmem ("wykorzystanie i generowanie behawioralnych nadwyżek"), ale czy to rozróżnienie naprawdę ma sens?

Pytania te mogą być nieistotne, jeśli chcemy reprezentować jedynie mechanizm eksploatacji stworzony poza normą kapitalistyczną, w celu akumulacji władzy, wpływów i bogactwa nielicznych, ale stają się one istotne, gdy poszukiwana jest ogólna struktura nowego

---

[22] Zuboff, strona 121

kapitalizmu, a taki jest właśnie cel niniejszego opracowania: Uwidocznienie niepozornego w cieniu i ogólnie
zrozumiałe.

kapitalizm behawioralny

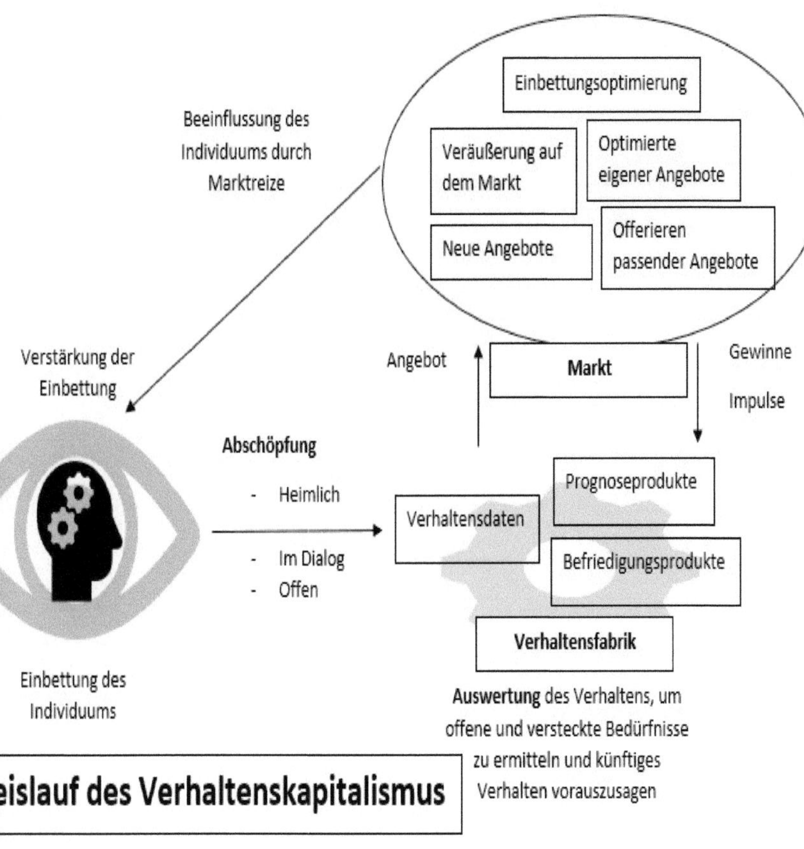

Absorpcja danych behawioralnych

> **Dziś zachowanie jest również głównym czynnikiem produkcji dla kapitalizmu klasycznego i finansowego i uzupełnia pracę, ziemię i kapitał.**

Kapitalizm behawioralny opiera się na zachowaniu surowca i czynnika produkcji, które powstaje w wyniku reakcji jednostki na bodźce. Najpierw musi wygrać to przez skimming. Zawsze podejmowano takie próby, ale to właśnie postęp technologiczny napędzany zmianą czasu umożliwił zautomatyzowane zbiory w dużych ilościach. Proces skimmingu ma trzy warianty, których przejścia mogą być płynne:

- **Otwarty skimming**

- **skimming dialogowy**

- **Ukryty skimming**

Transformacja w fabryce zachowawczej

Uzyskane ilości danych są obecnie przechowywane w fabryce behawioralnej, co jest metaforą reprezentującą skomplikowany i zdecentralizowany proces przetwarzania w sposób bardziej plastyczny, a następnie przetwarzane w części na produkty. Produkowane są produkty prognozowane oraz produkty satysfakcji.

<u>Produkt satysfakcjonujący ma na celu</u> zaspokojenie ludzkich potrzeb.

<u>Prognoza produktu</u> przewiduje przyszłe zachowanie człowieka.

<u>Dane behawioralne</u> mogą być również przedmiotem handlu bez dalszego przetwarzania.

Produkty prognozowane są wykorzystywane do oszacowania przyszłego zachowania jednostki. Typowym przykładem może być użytkownik sieci społecznościowej, który jest zainteresowany turystyką, prezentuje zdjęcia i dokumenty uczestnictwa w wydarzeniach. Algorytm może teraz odczytywać te dane i uzupełniać je innymi informacjami, takimi jak wiek, miejsce zamieszkania, skłonności marki, styl itp. W połączeniu z odczytem historii przeglądarki, co może się zdarzyć nawet jeśli nie jesteś już zalogowany do odpowiedniej sieci, tworzony jest produkt prognozy, którego wynikiem może być na przykład to, że właśnie ten użytkownik najprawdopodobniej ponownie wyruszy na odpowiednie wycieczki w lecie. W związku z tym sensownym byłoby skonfrontowanie go praktycznie z odpowiednimi usługami (np. oferty turystyczne) lub produktami (np. buty turystyczne) na krótko przedtem. Prognozowany produkt otwiera drzwi do ukierunkowanego podejścia.

Z drugiej strony, produkty zaspokajające potrzeby są specjalnie ukierunkowane na zaspokojenie zidentyfikowanych potrzeb. Nie w przyszłości, ale w teraźniejszości. Interesujące jest to, że produkt satysfakcji może odnosić się zarówno do potrzeby, o której użytkownik jest świadomy, jak i do potrzeby, nad którą jeszcze się nie zastanowił, ale która wynika z analizy zachowania. Tak więc to właśnie produkty satysfakcji, ale także produkty prognostyczne, pełnią funkcję ujawniania wewnętrznych potrzeb jednostki i mogą być ważnym elementem samorealizacji.

Handel na rynku

Zarówno produkty prognostyczne i satysfakcjonujące, jak i samo zachowanie mogą być wykorzystywane lub sprzedawane przez samego zbierającego dane. Generuje to ogromne zyski, które zazwyczaj są reinwestowane. Niekoniecznie tylko w poprzednim modelu biznesowym, ale także w innych dziedzinach, które zapraszają do współpracy. Pojawiają się zatem następujące możliwości dla rynku:

- **Oferowanie odpowiednich ofert**

  Dane te są wykorzystywane do oferowania odpowiednich ofert dla poszczególnych osób. Może to składać się z własnych usług i produktów, jednak są one zazwyczaj połączone z reklamą dla osób trzecich. Rdzeń modelu biznesowego jest nadal widoczny w tym miejscu.

Ogólnie rzecz biorąc, szacuje się, że 25% globalnych dochodów z reklam jest obecnie generowane przez Facebook i Google, dwa z najlepszych przykładów stosowanego kapitalizmu behawioralnego. Do 2016 r. było to jeszcze 20%. Tendencja wzrasta.

- **Nowe oferty**

Zachowanie sprawia, że konieczne jest projektowanie całkowicie nowych produktów w celu zaspokojenia zidentyfikowanych z nich potrzeb. Idea czerpania niezbędnych innowacji i dalszego rozwoju z obserwacji rynku jest tak stara jak sama działalność gospodarcza, ale dzięki nowym możliwościom syfonowania surowca, który wcześniej był trudny do wydobycia, nabrała zupełnie nowego wymiaru.

75

- **Optymalizacja własnych ofert**

  Własne oferty są ulepszane i dostosowywane przez produkty behawioralne i odpowiednie informacje zwrotne. Dotyczy to zarówno zbieraczy danych, jak i ich klientów. W szczególności, maszyna ucząca się polega na tych reakcjach, aby stale ulepszać swoje funkcje.

- **Sprzedaż na rynku**

  Wielkości danych są udostępniane stronom trzecim w stanie surowym lub już jako

produkty do przetwarzania na potrzeby własnej działalności gospodarczej.

* **optymalizację osadzania**

    Indywidualizm zbiorowy zna osadzenie człowieka w kreacji indywidualnej rzeczywistości. Kapitalizm behawioralny przyczynia się do tego poprzez ciągły cykl skimmingu behawioralnego.

Prozess der Einbettung

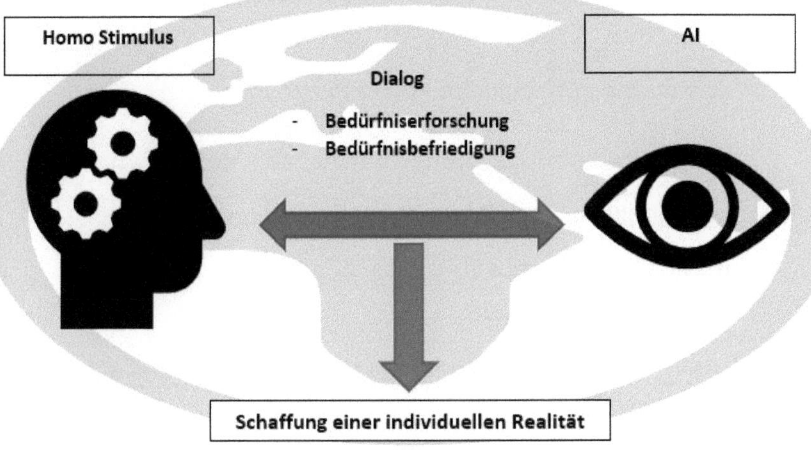

Stymulacja osoby do reakcji.

W idealnym przypadku osoba reaguje na oferowane bodźce i w ten sposób tworzy nowe zachowania, które z kolei mogą zostać pominięte. Rezultatem jest cykl osadzania, który w końcu może doprowadzić do powstania indywidualnej rzeczywistości.

W całkowitym indywidualizmie kolektywnym, który oczywiście zakłada stały rozwój techniczny, pominięta w ten sposób osoba pogrążyłaby się stopniowo w zindywidualizowanej rzeczywistości. Jest to jednak nadal niekompletne ze względu na obecność walk w środowisku. Jednocześnie akumulują się zachowania surowcowe i kapitał inwestycyjny, co dodatkowo zwiększa możliwości fabryki zachowań i skimmingu. Cykl się rozwija. Gra, prowadzona przez maszynę, zaczyna się od początku. Tak więc z jednej strony powoduje ona osadzenie człowieka, ale jednocześnie powoduje dalsze oddalanie się od środowiska społecznego.

3. wzgląd

Kapitalizm behawioralny jest odmianą kapitalizmu, który, podobnie jak kapitalizm finansowy, jest trudny do zidentyfikowania w swoich skutkach i dlatego odgrywa jedynie podrzędną rolę w odbiorze społecznym i agendzie politycznej. Sprytnie wykorzystuje to, aby się rozpowszechniać i konsolidować, co w kapitalizmie często charakteryzuje się powstawaniem monopoli lub oligopoli. Dowodzi tego w sposób imponujący rzeczywista sytuacja grup technologicznych i ich siła rynkowa.

Kapitalizm behawioralny stał się zatem mocno ugruntowany, ale nie jest postrzegany jako taki. Najnowocześniejsza technologia umożliwia nigdy wcześniej nie widziane osadzenie, które może przeniknąć do najbardziej intymnych obszarów jednostki. Rozwój, który wymaga dokładniejszej analizy i nie może nadal mieć miejsca w cieniu, ponieważ uwolniony kapitalizm behawioralny byłby jeszcze silniejszą siłą niż kapitalizm finansowy, jaki kiedykolwiek istniał. Byłby środkiem dominacji.

Ostatnie dwa akapity mogłyby zostać napisane w podobny, jeśli nie identyczny sposób o koncepcji kapitalizmu nadzoru, ale różnica poniżej powierzchni jest nieomylna, ponieważ podczas gdy kapitalizm nadzoru postrzega rozwój jako coś anormalnego, stworzonego przez człowieka i ostatecznie - jednostronnie - złego, co rodzi nawet najgorsze, obraz kapitalizmu behawioralnego jest celowo neutralny, ponieważ uznaje, że jest to normalny rozwój kapitalizmu i oferuje zarówno szanse, jak i ryzyko. Praca Zuboffa przedstawia wyzwania w sposób doskonały i skrupulatny, być może bardziej przekonujący niż kiedykolwiek wcześniej. Nie ma szans. Te są nawet zaprzeczane.

Krok po kroku osadzanie jednostki we własnym świecie jest jednocześnie możliwością nie tylko zaspokajania potrzeb, ale także ich identyfikacji. Procesu tego nie można jednak oddzielić od procesu kapitalistycznego, jak sugeruje Zuboff. Potrzebuje innowacji i optymalizacji.

Pomija również ważny szczegół: ludność kraju dzieli się na środowiska, które również coraz szybciej się rozpadają, a niektóre z nich mają zupełnie inne poglądy, wartości lub style życia. Znaczna część tych środowisk zawsze byłaby skłonna wymieniać się takimi elementami jak demokracja czy swobody, które nie są postrzegane jako element zaspokajający ich potrzeby.

Ta realizacja może być przerażająca, a jednak opisuje fakty. Jeśli więc Zuboff jest *"być piasek w kole"*[23], *"niechęć obywateli i dziennikarzy [....] naukowców [....] wybranych przedstawicieli ludzi i decydentów politycznych [....] i młodych [r] ludzi [....]"*, to *"niechęć ludzi i dziennikarzy [...] naukowców [....]*

---

[23]Zuboff, strona 593

polityków [...] i młodych [r] ludzi [....]". Jeśli[24]mówimy o ogólnym odczuciu *"oburzenia"*[25], które powinno się rozwijać, należy zauważyć, że będzie to leżało jedynie w interesie części społeczeństwa.

Ale jest to problem tylko wtedy, gdy rozwój jest postrzegany jako izolowany potwór, który byłby kontrolowany za pomocą karabinu i gwizdka. W rzeczywistości kapitalizm behawioralny jest nie tylko historyczną ciągłością, ale sam w sobie jest tylko częścią przejścia w erę zbiorowego indywidualizmu, który wraz z walką środowisk i przesunięciem globalnych relacji władzy będzie kształtował przyszłość.

Pomysł, że tym wielkim siłom zmian można przeciwdziałać, wprowadzając pewne ograniczenia w działalności gospodarczej zachodnich firm technologicznych wydaje się interesujący, ale nie jest on zbyt

---

[24] Zuboff, strona 596

[25] Zuboff, strona 595

celowy, ponieważ czy nie oznaczałoby to, że ostatecznie pole zostanie pozostawione Baidu, Tencent, Alibaba & Co, często wspieranych przez władze chińskiego państwa? Jest to ważna kwestia, którą należy omówić:

Ciemne strony behawioralnego kapitalizmu to gigantyczny problem, ale czy nie pozostawiamy rynku znacznie bardziej niebezpiecznym siłom, jeśli osłabimy zachodnie korporacje, podczas gdy nie możemy wpływać na korporacje wschodnie? Wymaga to zatem kompleksowego rozwiązania, ponieważ znajdujemy je w modelu alternatywnej hegemonii (model AH), co nie powinno stanowić tutaj problemu.

Pod koniec

To pismo wreszcie załatwione:

1) Porównać dwie podstawowe interpretacje rozwoju kapitalizmu

2) Przyczynianie się do nadania temu nowemu zjawisku charakteru opisowego i nadania mu medabilnej struktury.

3) Stworzenie podstaw do dyskusji na temat możliwości i zagrożeń rozwoju kapitalistycznego.

Shoshanie Zubuff udało się w wybitny sposób przedstawić negatywne aspekty kapitalizmu behawioralnego. Prawdziwa pionierska praca. Systematyczne przedstawianie nowej odmiany kapitalizmu prawdopodobnie nigdy nie było celem samym w sobie, a jedynie środkiem do wyrażenia ostrzeżenia przed niebezpieczeństwami nowej ery zbiorowego indywidualizmu.

Model kapitalizmu behawioralnego oferuje systematyczny opis i klasyfikację, które mogą służyć jako szeroka podstawa do dyskusji.

Niniejszy artykuł jest dostępny pod DOI 10.13140/RG.2.2.28837.65764 i został opublikowany w tej samej formie kilkakrotnie w języku niemieckim i angielskim oraz wydany do dyskusji.

referencje

Zuboff, Shoshana, The Age of Surveillance Capitalism. Wydawnictwo Campus 4 października 2018 r.; 04 października 2018 r.

Herteux, Andreas, Behavioural Capitalism - nowa różnorodność kapitalizmu zyskuje moc i wpływy, DOI 10.13140/RG.2.2.18058.62402, sierpień 2019 r.

Herteux Andreas, Concept of the Change of Times

Herteux Andreas, The Reiz Society.

Wywiad w "piątek" od 02.04.2019; https://www.freitag.de/autoren/the-guardian/tyrannei-die-sich-von-menschen-ernaehrt

Wywiad z Süddeutsche Zeitung z 07.11.2018; https://www.sueddeutsche.de/digital/shoshana-zuboff-ueberwachungskapitalismus-google-facebook-1.4198835

Pytania i odpowiedzi

Model kapitalizmu behawioralnego był dotychczas pozytywnie odbierany i nie był kwestionowany jako forma reprezentacji i opisu.

Pytania i dyskusje powstały przede wszystkim z tego powodu, że nie jest to normatywne, ale jedynie opisowe.[26]

Chce przedstawić mechanizmy oraz wskazać wyzwania i szanse. Podczas gdy dwa pierwsze elementy uznano za dobroczynne i wspierające, pojawiły się głosy, które zaprzeczały pozytywnym aspektom kapitalizmu behawioralnego wykraczającym poza zysk

---

[26] Jednak prezentacja opisowa była właśnie celem: zmierzyć się z nowym zjawiskiem, często niedbale ignorowanym, i przedstawić je obiektywnie w swoich mechanizmach, aby ułatwić dyskusję, która nie wyklucza jednej strony z niego w ogóle.

danego dostawcy. Ten punkt odgrywa zatem ważną rolę w pytaniach uzupełniających:

Kapitalizm behawioralny ma tylko negatywne strony i jest produktem kapitalistycznego wyzysku?

Kapitalizm behawioralny zawiera wielkie niebezpieczeństwa. Niewątpliwie obejmują one możliwości manipulacji i kontroli. Są one nadal masowo wzmacniane przez kondycjonowanie ludzi na małych i szybkich bodźcach od II wojny światowej, dlatego mówimy dziś o bodźcu homo.[27]

---

[27] W tym kontekście nawiązuje się do "Teorii drażliwego społeczeństwa". Jest to rozwój, który był warunkowany krok po kroku przez kapitalizm, zmiany społeczne i politykę, nie aspirując do nich. Bodźce homo, czyli człowiek kondycjonowany do krótkich i szybkich bodźców, są ostatecznie produktem końcowym.
Ta szybsza reakcja stymulacyjna występuje we wszystkich środowiskach, ponieważ została ustanowiona na przestrzeni dziesięcioleci, zarówno w świecie pracy, jak i w sferze prywatnej, i rośnie coraz bardziej. Jeśli ktoś chce wskazać ekstremum, zaleca się zwykłą przejażdżkę metrem i powinien

W grę wchodzi zatem również demokracja i wolność. Zagrożenia te należy wyraźnie zidentyfikować, omówić i przeciwdziałać.

Niemniej jednak istnieją również pozytywne strony[28]. Mają one być widoczne w obszarach rozpoznawania potrzeb i ich zaspokajania, ponieważ dzięki metodom kapitalizmu behawioralnego zarówno znane, jak i dotychczas ukryte potrzeby jednostki mogą być identyfikowane i zaspokajane.

Weźmy przykład. Użytkownik do tej pory był kształtowany przez bezpośrednie środowisko wiejskie i nigdy nie wyszedł poza nie. Nie jest z tego zadowolony, ale w końcu jego odcisk zna tylko ten mały świat.

---

po prostu zwrócić uwagę na wpływ, jaki smartfony, na przykład, mają na życie wielu ludzi i wrócić do tego, jak było 10 lat temu. Z taką obserwacją prawdopodobnie łatwiej jest zrozumieć bodziec homo niż z całą teorią szarości.

[28] Standardowy argument firm technologicznych, że każdy użytkownik jest nagradzany usługami za podsłuchiwanie zachowania lub danych, nie powinien być tutaj dalej pogłębiany. Argument ten można z pewnością przedyskutować kontrowersyjnie.

Dzięki wykorzystaniu Internetu wchodzi teraz w świat mediów społecznościowych. Tutaj łączy się z kilkoma osobami, które już dawno temu wyprowadziły się z wioski i pewnego pięknego dnia przyglądają się swoim wakacyjnym zdjęciom. Lubi miejsca i poszukuje więcej informacji na temat wyszukiwarki. Nagle media społecznościowe i wyszukiwarka oferują mu coraz więcej wiadomości i reklam, które koncentrują się na temacie podróży. Temat staje się coraz bardziej interesujący i im bardziej go poszukuje, tym bardziej się osadza. W międzyczasie przyjrzał się wielu celom i ofertom, zamówił przewodniki turystyczne i jest aktywny na forum. Obecnie działa w swoim własnym świecie, w którym w centrum uwagi znajduje się nowa tęsknota, napędzana przez maszynę do nauki. Zdaje sobie sprawę, że jego wcześniejsze niezadowolenie wynika również z faktu, że chciał wydostać się ze znanego mu środowiska i zobaczyć świat. Do tej pory jednak brakowało mu inspiracji. Jest to teraz wypracowane przez behawioralny proces kapitalistyczny, co oczywiście natychmiast czyni go odpowiednimi ofertami satysfakcji. W nadchodzącym roku użytkownik wybierze się w podróż dookoła świata.

Czy był manipulowany w tym przykładzie? A może było to po prostu życzenie, które wcześniej zostało zakopane, ponieważ własne środowisko nie mogło go rozwijać razem z użytkownikiem? I czy to jest naprawdę negatywne, kiedy to się dzieje? Jak widzimy, musimy zatem naprawdę bardzo precyzyjnie różnicować.

Pozytywne strony, które są opisane, to w końcu tylko uwodzenie do spożycia, prawda?

Trzymajmy się konkretnej sprawy nadchodzącego wczasowicza. Prawdą jest, że pochłonie on również wielu kapitalistów behawioralnych, którzy na tym skorzystają. Tak, czy konsumpcja jest tym, czego chce? Albo raczej forma samorozwoju?

Czyż nie jest to właśnie model sukcesu wielkich kapitalistów, którzy dostosowują się do indywidualnych pragnień i nie marzą o wkładzie w osobistą samorealizację? Zwykły pracownik ma teraz szansę być słyszalny w mediach społecznych. Pokazać się. Żyć własnym interesem. Może nawet bycie gwiazdą. Kiedy wcześniej było to możliwe? Co jest prawdziwe?

Czy nie chodzi również o możliwości rozwoju? Ostatecznie kapitalizm behawioralny tworzy zindywidualizowany świat zgodnie z potrzebami danego użytkownika i nie ma to nic wspólnego z konsumpcją materiałów.

Ci, którzy naprawdę chcą przeprowadzić debatę na temat tego prostego, wyjaśniającego modelu uwodzonego konsumenta, nie zrozumieli ludzkich potrzeb, a tym samym istoty ludzkiej.

Ponadto, ogólny pogląd jest nieodzowny, ponieważ kapitalizm behawioralny nie jest samodzielny. Oczywiście on, podobnie jak społeczeństwo stymulacyjne i tworzony przez nie homo bodziec, należy do nadchodzącego wieku kolektywnego indywidualizmu, który ostatecznie spowalniają tylko walki środowisk. I ta nowa era jest nieunikniona, jeśli nie chcemy odmówić rozwoju technologicznego. Ale możemy zdecydować, w jaki sposób chcemy je zaprojektować.

Żaden człowiek myślący nie wymieniłby wolności i demokracji na uznanie i satysfakcję?

Pytanie sugeruje, że ludzie reprezentują jednorodną masę, która dzieli te same postawy i style życia. W rzeczywistości jednak globalne społeczeństwa rozpadają się na wiele środowisk, a niektóre z nich mają zupełnie inne wartości. Ta fragmentacja środowiska nie jest jeszcze zakończona i będzie się utrzymywać.

Oznacza to jednak również, że część tych realiów nie będzie miała żadnych problemów, na przykład z wymianą własnego demokratycznego współdecydowania na rzecz gwarantowanego zaspokojenia potrzeb. Tak przerażeni, jak niektórzy członkowie tego czy innego środowiska mogą patrzeć na to stwierdzenie, nie zmienia to jego prawdziwości.

Są więc i spekulanci systemu i można ich znaleźć nie tylko wśród kapitalistów behawioralnych, ale przede wszystkim wśród tych, dla których to, co wydaje się być zagrożone, jest warte znacznie mniej lub nic więcej niż dla innych.

Jak można z tym walczyć, skoro niektórzy mają całą władzę w swoich rękach, a połowa innych jest przekupiona?

Poprzez nowe pomysły i impulsy, takie jak model alternatywnej hegemonii (model AH). W ten sposób powstaje uczestnik rynku, który znajduje się pod demokratyczną kontrolą i zmienia lub koryguje kapitalizm od wewnątrz. Dzięki demokratycznie kontrolowanej sile rynkowej. To sprawia, że wartości stają się czynnikiem produkcji, a tym samym przeciwwagą dla wpływu prywatnych korporacji i władzy państwa. Nie kształci też ludzi, ale firmy i podmioty państwowe.

Na przykład w celu uzyskania licencji na technologię, do której prawa posiada Fundusz AH, umowa o korzystanie z niej przez dane przedsiębiorstwo zawiera zobowiązanie do

- uczciwe wynagrodzenie

- odpowiednie warunki pracy

- Zgodność z przepisami dotyczącymi ochrony środowiska

- i że na całym świecie

- obowiązki w zakresie przejrzystości

Firma nie będzie zmuszona do zaakceptowania tych warunków. Ale jeśli chce wygenerować maksymalny zysk, zrobi to. Albo stawić czoła konkurencji. Pewnie go straci. W ten sposób wartości stają się czynnikiem produkcji, a kapitalizm otrzymuje nowy kierunek.

W dłuższej perspektywie fundusz AH przynosi również zyski, które mogą powrócić do krajów, np. w celu wsparcia funduszy społecznych.

Oczywiście, model ten nie może być prezentowany tutaj w pełnym zakresie, dlatego prosimy o zapoznanie się z odrębnymi publikacjami.

Das Modell der Alternativen Hegemonie (AH-Modell)

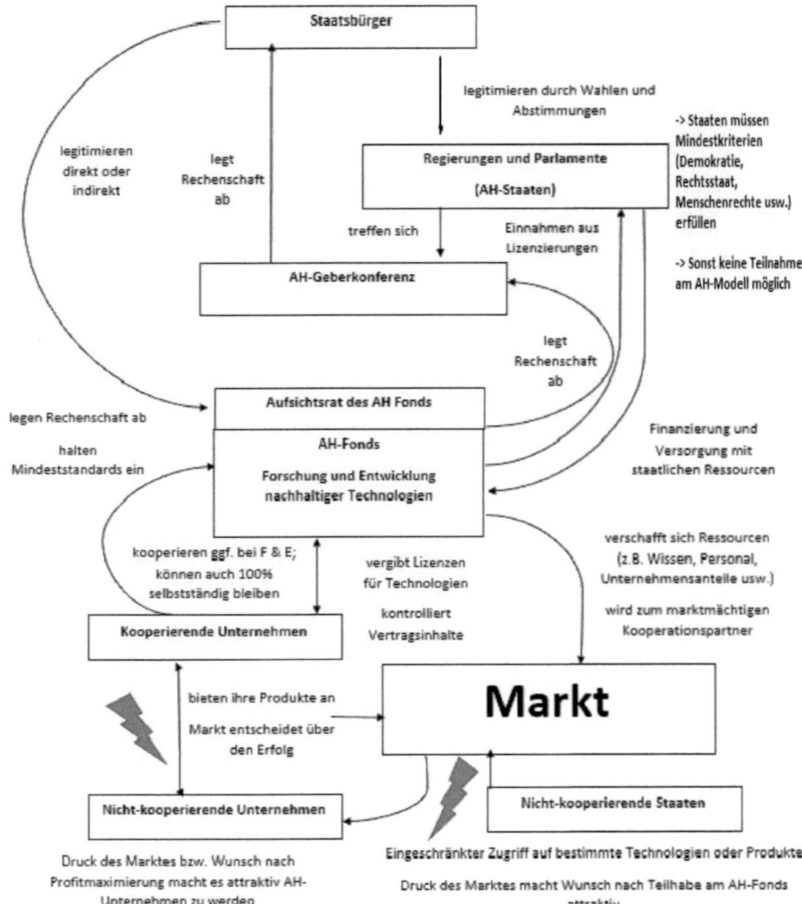

Model alternatywnej hegemonii (model AH) brzmi bardzo dobrze na papierze, ale jak zamierzasz zmusić do udziału kapitalistów behawioralnych, którzy są przecież oligopolami?

Znajdujemy się w zmianie czasu, którą można w ten sposób zdefiniować:

Przez "zmianę czasu" rozumie się okres, w którym jego poszczególne elementy oddziałują na siebie dynamicznie w taki sposób, że mogą doprowadzić do uporządkowania dotychczasowych (globalnych) relacji władzy. "

Te elementy są:

- Postęp technologiczny

- Wzrost liczby nowych konkurentów na rynkach światowych

- Słabość dotychczas dominujących elementów

- zmiana środowiskowa

- Brakująca perspektywa części człowieczeństwa

W związku z tym presja już tam jest i będzie się stale umacniać, a kapitaliści, którzy wydają się wam trochę jak jednorodny oddział, w ogóle nie istnieją. Wręcz przeciwnie, między kapitalizmem zachodnim i kontrolowanym będą ogromne starcia, w których ostatni z nich wydaje się mieć obecnie lepsze karty.

Tak więc każdy, kto myśli o Google, Facebooku i spółce, jeśli chodzi o kapitalizm behawioralny, nie zna jeszcze potęgi rynkowej Tencenta, Baidu czy Alibaby, które są znacznie bardziej zaawansowane w niektórych obszarach (np. systemy płatności). Aplikacje takie jak Tictoc czy Zao są chińskie, a ich wzrost jest gigantyczny. Produkt zachodni niekoniecznie wygra porównanie pomiędzy WhatsApp i WeChat. To samo dotyczy szczebla państwowego, gdzie chińska ekspansja jest bezbłędna. Zachód znajdzie się zatem pod

coraz większą presją i będzie musiał rozważyć alter-
natywne rozwiązania. To z kolei byłoby okazją dla modelu takiego jak model alternatywnej hegemonii.

O wydawcy.

Erich von Werner Gesellschaft

Birkenfelder Straße 3

97842 Karbach

Hompage:

https://www.understandandchange.com

Email:

erichvonwernersociety@understandand-
change.com

Facebook:

https://www.facebook.com/Erich-von-Werner-
Society-Understand-and-change-353251871900615

Twitter:

https://twitter.com/von_society

O wydawnictwie

Erich von Werner Verlag

Birkenfelder Straße 3

97842 Karbach

<u>Hompage:</u>

https://www.erichvonwernerverlag.de/

<u>Email:</u>

Info@erichvonwernerverlag.de

Facebook:

https://de-de.facebook.com/erichvonwernerver-lag

O autorze

Andreas Herteux

Hompage:

https://www.andreasherteux.com/

Facebook:

https://www.facebook.com/AndreasHerteux

Twitter:

https://twitter.com/aherteuxautor